Mes premi
10
SYLLABIQUES
LAROUSSE

Le robot

Auteurs
Hélène Heffner et Giulia Levallois
Professeurs des écoles

Illustratrice
Cécilia Stenmark

Direction de publication : Carine Girac-Marinier
Édition : Nadine Martres
Lecture-correction : Sophie Petitprêtre
Direction artistique : Uli Meindl
Réalisation : Typo-Virgule
Fabrication : Marlène Delbeken

ISBN : 978-2-03-596756-5

Images de la page 5 : © Fotolia.com

PAPIER À BASE DE FIBRES CERTIFIÉES

LAROUSSE s'engage pour l'environnement en réduisant l'empreinte carbone de ses livres. Celle de cet exemplaire est de : 350 g éq. CO_2 Rendez-vous sur www.larousse-durable.fr

Imprimé par Rotolito Romania en Roumanie
Dépôt légal : janvier 2019 – 322732/08
N° de projet : 11056057 - mars 2024

Les personnages de l'histoire

Les **Loulous** sont des petits animaux attachants qui accompagnent le jeune lecteur en lui faisant découvrir le plaisir de la lecture autonome !

Conseils aux parents

• Avant la lecture

– Invitez votre enfant à regarder l'illustration de la couverture : il peut la décrire et nommer les personnages qu'il reconnaît.

– Montrez-lui la page ci-contre afin de lui faire découvrir les mots les plus difficiles de l'histoire.

• Pendant la lecture

– Encouragez votre enfant à lire seul le texte à voix haute au début. La lecture orale l'aidera à mieux comprendre ce qu'il lit.

– Conseillez-lui de suivre le texte avec son doigt lors de la lecture.

– N'hésitez pas à le laisser prendre du temps pour regarder les illustrations. Ces dernières soutiennent la compréhension du texte et permettent d'acquérir un sentiment de réussite.

• Après la lecture

– Entamez ensemble une discussion autour du livre sur le lieu, l'histoire, les personnages…

– Et n'oubliez pas, la lecture doit avant tout rester un plaisir !

Les mots de l'histoire

• Le vocabulaire

un **mulot**

la **finale**

le **fossé**

la **panne**

piloter

déraper

• Les mots outils

c'est	de	est	et	il y a	le	la
il	ils	sur	un	une	en	ne pas

Nina est à la mare.

Tomi arrive.

Nina et Tomi

amènent la malle.

TOMI

Tomi allume la moto.

Nina allume le petit

robot.

C'est le départ
de la finale. « C'est
parti ! » dit Tomi.
Nina pilote le robot.
La moto de Tomi
démarre vite.

Le robot de Nina

dépasse la moto.

Vive le robot !

Oh ! La moto de Tomi

ne s'arrête pas !

La moto dérape.

Oh ! Le fossé !

Bim bam !

L’alarme de la moto

sonne.

La moto est abîmée.

Tomi râle.

Nina rassure Tomi.

Le robot arrive.

Le robot relève

la moto.

Il répare la moto.

La panne est finie !

Le robot et la moto repartent.

Ils filent vite.

Sur le sol,

il y a un mulot.

Nina pilote :

elle n'a pas vu

le mulot.

Bim bam !

Le robot a une petite bosse sur la tête.

Le robot remue.

Nina est rassurée.

« Le robot n'est

pas éliminé !

dit Tomi.

C'est reparti ! »

La moto arrive

en tête !

Oh ! Le robot

est sur la moto.

Vive le robot et la moto !